Dear Parent: Your child's love of reading starts here!

Every child learns to read at his or her own speed. You ~~can help your child by~~ choosing books that fit his or her ability and interests. ~~You can also guide your child's spiritual development~~  ~~ent~~ by reading stories with biblical values. There are I Can ~~Read! books for every stage of~~ reading:

SHARED READING
Basic language, word repetition, and whimsical illustrations, ideal for sharing with your emergent reader.

BEGINNING READING
Short sentences, familiar words, and simple concepts for children eager to read on their own.

READING WITH HELP
Engaging stories, longer sentences, and language play for developing readers.

I Can Read! books have introduced children to the joy of reading since 1957. Featuring award-winning authors and illustrators and a fabulous cast of beloved characters, I Can Read! books set the standard for beginning readers.

Visit www.icanread.com for information on enriching your child's reading experience.
Visit www.zonderkidz.com for more Zonderkidz I Can Read! titles.

Queridos padres: ¡Aquí comienza el amor de sus hijos por la lectura!

Cada niño aprende a leer a su propio ritmo. Usted puede ayudar a su pequeño lector seleccionando libros que estén de acuerdo a sus habilidades e intereses. También puede guiar el desarrollo espiritual de su hijo leyéndole historias con valores bíblicos, como la serie ¡Yo sé leer! publicada por Zonderkidz. Desde los libros que usted lee con sus niños hasta aquellos que ellos o ellas leen solos, hay libros ¡Yo sé leer! para cada etapa del desarrollo de la lectura:

LECTURA COMPARTIDA
Utiliza un lenguaje básico, la repetición de palabras y curiosas ilustraciones ideales para compartir con su lector emergente.

LECTURA PARA PRINCIPIANTES
Este nivel presenta oraciones cortas, palabras conocidas y conceptos sencillos para niños entusiasmados por leer por sí mismos.

LECTURA CONSTRUCTIVA
Describe historias de gran interés para los niños, se utilizan oraciones más largas y juegos de lenguaje para el desarrollo de los lectores.

Desde 1957 los libros **¡Yo sé leer!** han estado introduciendo a los niños al gozo de la lectura. Presentan autores e ilustradores que han sido galardonados como también un reparto de personajes muy queridos. Los libros **¡Yo sé leer!** establecen la norma para los lectores principiantes.

Visite www.icanread.com para obtener información sobre el enriquecimiento de la experiencia de la lectura de su hijo.
Visite www.zonderkidz.com para actualizarse acerca de los títulos de las publicaciones más recientes de la serie ¡Yo sé leer! de Zonderkidz.

Love one another. You must love one another, just as I
have loved you. If you love one another, everyone will
know you are my disciples.

—John 13:34–35

Matthew 3:13–17; Mark 6:30–44; Luke 6:13–16, 7:1–10, 9:1–6;
John 6:1–14, 1:19–34, 13:34, 15:13–14

Este mandamiento nuevo les doy: que se amen los unos
a los otros. Así como yo los he amado, también ustedes
deben amarse los unos a los otros. De este modo todos
sabrán que son mis discípulos, si se aman los unos a
los otros.

—Juan 13:34-35

Mateo 3:13–17; Mark 6:30–44; Luke 6:13–16, 7:1–10, 9:1–6;
Juan 6:1–14, 1:19–34, 13:34, 15:13–14

Zonderkidz

Jesus and His Friends/Jesus y sus amigos
Copyright © 2009 by Mission City Press. All Rights Reserved. All Beginner's Bible copyrights and trademarks (including art, text, characters, etc.) are owned by Mission City Press and licensed by Zondervan of Grand Rapids, Michigan.

Requests for information should be addressed to:
Zonderkidz, *Grand Rapids, Michigan 49530*

Library of Congress Cataloging-in-Publication Data

Jesus and his friends. Spanish & English
   Jesus and his friends / illustrated by Kelly Pulley = Jesús y sus amigos / ilustrado por Kelly Pulley.
      p. cm. -- (My first I can read! = Mi primer libro! ¡Yo sé leer!)
   ISBN: 978-0-310-71889-5 (softcover)
   1. Jesus Christ--Friends and associates--Juvenile literature. 2. Apostles--Juvenile literature. I. Pulley, Kelly. II. Title. III.
Title: Jesús y sus amigos.
   BT360.J4718 2009
   232.9'5--dc22

2008051673

Art Direction: *Jody Langley*
Cover Design: *Laura Maitner-Mason*

Printed in China

18 /DSC/ 10 9 8

I Can Read!™ ¡Yo sé leer!™ My First SHARED READING

The Beginner's Bible®

Jesus and His Friends
Jesús y sus amigos

pictures by Kelly Pulley

ilustrado por Kelly Pulley

Jesus is God's Son.
He came to earth
to save people from their sins.

Jesús es el Hijo de Dios.
Él vino a la tierra a salvar a la gente
de sus pecados.

Jesus told the people,
"Love each other.
Be a good friend!"

Jesús le dijo a la gente:
«Ámense unos a otros.
¡Sean buenos amigos!».

Jesus loved many people.

Jesús amaba a mucha gente.

He had lots of friends.

Él tenía muchos amigos.

One of Jesus' friends was John.
John was Jesus' cousin.

Juan era uno de los amigos de Jesús.
Juan era primo de Jesús.

John told people about Jesus.
John helped Jesus.

Juan le hablaba a la gente acerca de Jesús.
Juan ayudaba a Jesús.

He baptized Jesus in a river.

Juan bautizó a Jesús en el río.

Jesus had other friends, too.

Jesús también tenía otros amigos.

Judas
Judas

Simon
Simón

Thaddaeus
Tadeo

Thomas
Tomás

Jesus
Jesús

James Son
of Alphaeus
Jacobo, hijo
de Alfeo

Bartholomew
Bartolomé

Philip
Felipe

He chose twelve men to be his helpers.
They were called disciples.

Él escogió a doce hombres especiales
para que fueran sus ayudantes.
Les llamaban los discípulos.

They had a lot of work
to do for Jesus.

Ellos tenían que hacer mucho
trabajo para Jesús.

13

The disciples helped Jesus tell people about God.

Los discípulos ayudaban a Jesús a hablarle a la gente acerca de Dios.

"Love each other as you love yourself," Jesus said.

«Ámense unos a otros como ustedes se aman a sí mismo», dijo Jesús.

Jesus and his friends
went to many cities.

Jesús y sus amigos fueron
a muchas ciudades.

People came to Jesus
for help.

La gente venía a Jesús
buscando ayuda.

In one city a man said,
"My servant is sick!"

En una ciudad un hombre dijo:
«¡Mi siervo está enfermo!».

"Can you help?" he asked.
"What strong faith!" said Jesus.
"Go! Your servant is healed."

«¿Puedes ayudar?», preguntó él.
«¡Qué fe tan grande!», dijo Jesús.
«¡Vete! Tu siervo está curado».

The man ran home.
His servant was all better!

El hombre se fue corriendo para la casa.
¡Su siervo estaba bien!

Jesus talked to many people.
He was a great teacher.
One day, he was tired.

Jesús le habló a mucha gente.
Él era un gran maestro.
Un día, estaba cansado.

But Jesus did not rest.
And the disciples did not rest.

Pero Jesús no descansaba.
Y los discípulos tampoco descansaban.

It was getting late.
Five thousand people wanted to eat.

Se hacía tarde.
Cinco mil amigos querían comer.

The disciples asked,
"What can we do?"

Los discípulos preguntaron:
«¿Qué podemos hacer?».

Jesus said, "We will feed them!
How much food can you find?"

Jesús dijo: «¡Los alimentaremos!
¿Cuánta comida pueden encontrar?».

A boy had five loaves of bread and two small fish.

Un niño tenía cinco panes y dos pescaditos.

"That is not enough food,"
the disciples said.
But Jesus smiled.

«Eso no es suficiente comida»,
dijeron los discípulos.
Pero Jesús se sonrió.

"Thank you for the food, God,"
Jesus prayed. Then they passed out the
bread and fish.

«Dios, gracias por la comida», oró Jesús.
Entonces ellos repartieron la comida.

It was a miracle!
There was enough food for everyone.

¡Esto era un milagro!
Había suficiente comida para todos.

There were even twelve baskets of food left over!

¡Hasta sobraron doce canastas de comida!

Jesus can do many miracles!
If we believe in him,
we will go to heaven someday.

¡Jesús puede hacer muchos milagros!
Si creemos en él, algún día iremos
al cielo.

Disciples are the friends who helped Jesus tell people about the Bible and God.

Los discípulos son los amigos que ayudaron a Jesús a hablarle a la gente acerca de la Biblia y de Dios.

Miracles are something that only God or Jesus can make happen.

Los milagros son algo que solamente Dios o Jesús pueden hacer.

Heaven is the place where people go after they die if they believe in Jesus.

El cielo es el lugar adonde van las personas después que mueren si creen en Jesús.